LIVRET

DE

LECTURE,

A L'USAGE

DES ÉCOLES PRIMAIRES.

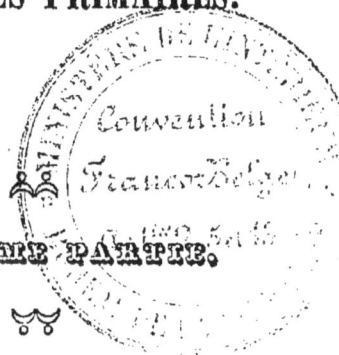

TROISIÈME PARTIE.

NIVELLES

Typographie de DESPRET Frères, Lithogr.,

Libraires et Relieurs,

Rue de Soignies, N° 101.

1854.

DÉPOSÉ.

LECTURES.

1

Je suis un homme.

Philippe est un homme.

Tous les hommes, les femmes et les enfants sont des hommes.

Le chien est une bête.

Le chat est une bête.

Le cheval, la vache, la chèvre, le coq et la poule sont aussi des bêtes.

L'homme est la plus noble de toutes les créatures.

2

Oh! le vilain animal que le loup!

Il est fait à peu près comme le chien, mais il ne lui ressemble guère de caractère.

C'est comme un enfant méchant, qui est fait comme un bon petit garçon.

Tout le monde aime le chien, et personne n'aime le loup : tout le monde aime un bon petit garçon, et personne n'aime un enfant méchant.

3

Les animaux marchent, courent; mais les oiseaux volent dans l'air.

Aimeriez-vous à avoir des ailes, comme les oiseaux?

— Oui.

— Mais, si vous aviez des ailes, vous n'auriez pas de bras, vous ne pourriez pas écrire, vous ne pourriez rien toucher, rien faire de ce que vous faites avec les mains.

Il vaut encore mieux avoir des bras que des ailes.

Le bon Dieu a tout bien fait.

4

Combien y a-t-il de jours dans la semaine?

Une semaine a sept jours.

Savez-vous aussi comment on appelle chaque jour de la semaine?

Les sept jours de la semaine sont :

Lundi, mardi, mercredi, jeudi, vendredi, samedi et dimanche.

Le dimanche est le septième jour.

On ne travaille pas alors, parce que c'est le jour du repos.

5 .

Une année fait trois cent soixante-cinq jours ou environ cinquante-deux semaines.

L'année se divise en douze mois.

Les douze mois de l'année sont :

Janvier, février, mars, avril, mai, juin, juillet, août, septembre, octobre, novembre et décembre.

L'année se divise encore en quatre saisons :

Le printemps, l'été, l'automne et l'hiver.

Cent ans font un siècle.

6

Il fait bien froid aujourd'hui.

L'eau est gelée.

La neige a couvert tout le jardin d'un tapis blanc.

De quoi est faite la neige?

Charles, voulez-vous le savoir?

Rien n'est plus facile.

Allez en ramasser dans votre main.

Bon. Venez la mettre près du feu.

Voyez donc comme elle fond.

Il n'y a plus de neige.

Il ne reste que de l'eau.

La neige est faite d'eau.

7

Guillaume était ordinairement au jardin; il parlait seul. Voici ce qu'il dit un jour :

« Quand un enfant est méchant, il cause bien du chagrin à ses parents.

Les larmes coulèrent des yeux de mon père, lorsqu'il me punissait la semaine passée.

Comment ai-je pu faire tant de peine à mes chers parents?

J'aurai soin de ne plus jamais être méchant. »

8

Qu'avez-vous, ma sœur, dit Henri à Sophie. Ah! répondit Sophie, j'ai cassé une tasse, et je crains les réprimandes de papa et de maman.

Viens, viens, dit Henri; cachons les débris dans le jardin.

Papa ni maman n'en sauront rien.

Non, dit Sophie; je veux leur dire la vérité : ils me pardonneront, car ils nous aiment beaucoup.

9

Félix a six pièces d'argent dans sa bourse:
Une pièce de cinq francs, un franc, un demi-franc, un quart de franc, une pièce de dix et une de cinq centimes.

Un franc fait cent centimes.

Un demi-franc vaut cinquante centimes.

Un quart de franc vaut vingt-cinq centimes.

Les pièces de dix, de cinq, de deux centimes, et le centime, sont la monnaie de cuivre.

10

Les poissons sont les animaux qui vivent dans l'eau.

Les poissons ne marchent pas, ils nagent, et meurent quand ils ne sont pas dans l'eau.

Nommez-moi quelques poissons.

Le saumon, la morue, le brochet, la carpe, la perche, l'anguille, etc.

Quel est le plus grand de tous les poissons ?

C'est la baleine, qui a plus de vingt-cinq mètres de longueur.

11

Les oiseaux sont les animaux qui volent dans l'air, qui ont le corps couvert de plumes, deux ailes et un bec de corne.

L'autruche est le plus grand de tous les oiseaux.

Cet oiseau est tout aussi grand qu'un homme à cheval.

L'oiseau-mouche est le plus petit de tous.

Le colibri est certainement le plus joli.

Ce petit oiseau a le corps couvert du plus beau plumage, et ses œufs ne sont pas plus gros que des pois.

12

Dites-moi de quoi votre chemise est faite?

— De toile.

— Savez-vous aussi d'où vient la toile?

— Du fil.

Et le fil provient du lin ou du chanvre.

— Est-ce que le lin et le chanvre nous viennent aussi du mouton, comme la laine?

— Non; ce sont des plantes qui croissent dans les champs, comme le blé.

— Vous voyez , mes enfants , combien Dieu est bon de nous pourvoir ainsi de tout ce qui est nécessaire à la vie.

13

On trouve dans notre pays tout ce que l'homme raisonnable peut désirer : des fruits , des légumes , des grains avec lesquels nous faisons de très-bon pain , et avec lesquels, en y ajoutant la fleur d'une plante appelée houblon , nous brassons une bonne boisson qu'on appelle bierre ; des bœufs bien gras , dont nous mangeons la chair ; de belles vaches , qui nous donnent du lait , avec lequel nous faisons d'excellent beurre et d'excellent fromage ; des plantes appelées colza , etc. , qui nous procurent de l'huile pour nous éclairer , et même quelquefois pour manger.

Les lacs , les étangs , les rivières nous fournissent toutes sortes de poissons.

14

Les plantes que la terre produit, fournissent des aliments pour les hommes bien portants, et des remèdes pour les malades.

Les espèces et les vertus en sont in-
nombrables. Elles ornent la terre ; elles
donnent de la verdure, des fleurs odori-
férentes et des fruits délicieux.

Les arbres nous charment au printemps
par leurs fleurs, et nous protégent en
été contre les ardeurs du soleil ; en automne, ils nous nourrissent de leurs
fruits, et en hiver quelques-uns servent
à nous chauffer.

De leur bois on fait des meubles, des
instruments de toute espèce, des maisons
et des vaisseaux.

15

Dites-moi, mes amis, quelle forme
croyez-vous qu'ait le soleil ?

Il est rond, rond comme une boule.

La lune est aussi ronde.

Elle est moins brillante que le soleil,
mais la lumière de la lune est douce et
agréable.

La lune est moins grosse que le soleil ;
elle l'est même beaucoup moins.

La beauté du soleil n'est pas ce qui le
rend le plus précieux pour nous.

S'il ne revenait pas ainsi tous les jours,
que deviendrions-nous ?

Nous n'aurions plus ni lumière, ni chaleur.

La nuit durerait toujours, et l'hiver serait éternel et insupportable.

Nous mourrions bientôt; car la chaleur est nécessaire à notre existence.

16

Le cheval est un animal qui a quatre pieds.

Les animaux qui ont quatre pieds, se nomment quadrupèdes.

Le chien, le chat, la chèvre, le mouton sont donc des quadrupèdes.

Les petits animaux qui ont plus de quatre pattes, s'appellent insectes.

Les mouches, les hannetons, les papillons sont des insectes.

Les animaux qui n'ont point de pattes et qui rampent, s'appellent vers ou apodes.

17

Le cheval, la vache et la brebis sont les animaux les plus utiles à l'homme.

Ces animaux lui fournissent la nourriture et les vêtements, et le nombre des personnes qui tirent leur entretien de la brebis, est prodigieux.

Le cheval traîne la charrue, transporte les fardeaux les plus lourds, et nous porte partout où nous voulons nous rendre.

Le cheval est un animal fort robuste, agile, soumis, plein de douceur, de beauté et de grâce.

Il y a des gens qui maltraitent leurs chevaux et qui les frappent sans pitié.

Il faut être bien cruel pour maltraiter et faire souffrir les animaux ; il faut être bien ingrat pour maltraiter un animal aussi bon et aussi serviable que le cheval.

18

L'homme marche sur deux jambes, et lève noblement la tête vers le ciel.

Il a deux bras dont il fait tout ce qu'il veut.

Il est le maître de tous les animaux; il leur commande et les force d'obéir; il les fait servir à ses besoins, il les plie à ses volontés.

L'homme parle, pense.

Dieu lui a donné une âme immortelle et la raison.

C'est en cela que l'homme se distingue des bêtes.

19

Le corps de l'homme se distingue de celui des autres animaux, en ce qu'il s'élève tout droit.

Il comprend le corps proprement dit, et les membres.

La partie supérieure du corps humain comprend la tête, qui est couverte des cheveux; la tête tient au corps par le cou, dont le devant se nomme la gorge, et le derrière, la nuque.

Les membres du corps sont les bras et les jambes.

A quoi servent les bras?

A quoi servent les jambes?

20

Oh! que les petits agneaux sont charmants! comme ils bêlent! quel plaisir j'aurais à élever un agneau!

Connais-tu quelques-uns des avantages que nous retirons des moutons?

Leur laine sert à faire le drap; de leur peau on fabrique le parchemin, dont on fait des tambours et des soufflets; leurs boyaux servent à faire les meilleures cordes d'instruments de musique, et leurs pieds, à faire de la colle.

21

Oh! qu'il est drôle l'animal avec deux bosses sur le dos! c'est le chameau. Dans les pays où il naît, il sert à porter des fardeaux, comme le cheval chez nous.

C'est un animal qui n'est pas du tout méchant. Il est très-fort, et, lorsqu'il est bien chargé, il marche plus facilement. Il est content si l'on chante à côté de lui.

Cet animal est d'une utilité étonnante; mais il est si haut qu'il serait bien difficile de le charger si on ne lui apprenait pas à s'accroupir, ce qu'il fait chaque fois qu'on veut lui mettre quelque chose sur le dos. Il ne refuse de marcher que lorsqu'il est trop chargé; alors il jette des cris lamentables, bien propres à attendrir un maître injuste.

22

Les hommes ont trois besoins essentiels: la nourriture, le vêtement et le logement.

Ceux qui travaillent pour la nourriture, sont : le cultivateur, le jardinier, le meunier, le boulanger, le boucher, le pêcheur et le brasseur.

Que fait chacun de ces artisans?

Le cultivateur laboure et ensemence la terre, qui produit le blé; le jardinier cultive les fleurs, les fruits et les légumes de nos jardins.

Le meunier réduit en farine le blé, dont le boulanger fait du pain.

Le boucher nous procure la viande; et le pêcheur, les poissons.

Enfin, le brasseur brasse la bierre, qui est la boisson ordinaire des habitants de ce pays.

L'une et l'autre de ces professions sont indispensables à notre nourriture.

23

Quels sont les hommes qui travaillent pour le vêtement?

Ce sont : le tailleur ou drapier, le tisserand, le tanneur, le cordonnier, le chapelier, la couturière et la blanchisseuse.

Ceux qui travaillent pour le logement, sont : le maçon, le serrurier, le charpentier, le menuisier, le couvreur, le vitrier, etc.

Je dois donc aimer les hommes, puisqu'ils travaillent tous pour moi.

D'où tirons-nous nos aliments ou notre nourriture?

— Des animaux et des plantes.

— Nommez-moi quelques aliments provenant des animaux.

— La viande et le poisson.

24

Nommez-moi quelques aliments provenant des plantes.

— Le blé, les pois, les haricots, les pommes, les poires, les cerises et beaucoup d'autres fruits.

L'épi de blé renferme environ soixante grains, et tous ces grains viennent d'un seul.

Que fait-on du blé quand il est moissonné ?

— On en forme des gerbes, que l'on transporte ensuite dans la grange.

— D'où tirons-nous nos vêtements ?

— Nous les tirons également des animaux et des plantes.

— Nommez-moi des vêtements que nous fournissent les animaux.

— Les moutons nous fournissent la laine, dont on fait le drap ; et la peau des animaux sert à nous faire des souliers, des bottes, des gants, etc.

25

Celui-là est laborieux, qui aime à s'occuper continuellement des choses utiles.

Aimez le travail dès votre jeunesse, car l'oisiveté est la mère de tous les vices.

La paresse va si lentement, que la pauvreté l'atteint tout à coup.

L'homme laborieux, au contraire, ne meurt jamais de faim.

Le paresseux est toujours pauvre, car le renard qui dort n'attrape pas de poules.

Tous les hommes, pour être heureux et honorés, doivent servir la société, chacun selon ses moyens.

Celui qui est né riche, donne du travail au pauvre; celui qui est né pauvre, gagne honorablement sa vie en travaillant.

Le riche égoïste et le pauvre paresseux sont des hommes méprisables.

26

Nous devons aimer tendrement nos parents, qui nous fournissent tout ce qui nous est nécessaire.

Nous devons aussi suivre leurs conseils et leur obéir, car ils savent mieux que nous-mêmes ce qui nous est avantageux ou nuisible.

Mon fils, soulagez votre père dans sa vieillesse.

Évitez, durant sa vie, tout ce qui pourrait l'affliger.

L'enfant sage est la joie de son père; l'enfant méchant est la tristesse de sa mère.

L'enfant qui craint le Seigneur, honore son père et sa mère par actions, par paroles.

Dieu récompense les bons, mais il punit aussi les méchants.

Il a tout fait pour nous. Adorons sa puissance éternelle, et rendons grâce à sa bonté infinie.

27

Ayez en horreur le mensonge; les menteurs sont sans honneur, et la confusion les suit partout.

Malheur à vous qui mettez votre confiance dans le mensonge!

Un voleur est préférable à un menteur.

Le menteur est méprisé de tout le monde; car on n'ajoute plus foi aux paroles d'un enfant qui s'est rendu coupable d'un mensonge.

Gardez-vous donc bien de mentir, de quelque manière que ce soit.

Surtout gardez-vous de dérober aucune chose ni chez vous , ni ailleurs ; parce que c'est offenser Dieu ; c'est se rendre odieux à tout le monde , et prendre le chemin d'une mort infâme.

28

L'homme connaît son Créateur , il se connaît lui-même ; il adore Dieu , souverain de toutes choses.

Celui qui ne songerait pas à aimer le Seigneur et à lui rendre grâce , serait un ingrat , puisqu'il est comblé des bienfaits infinis de son Créateur.

C'est Dieu qui nous a donné la vie , c'est lui qui nous la conserve , c'est lui qui nous procure chaque jour notre pain quotidien , c'est lui qui a soumis à l'homme tous les êtres qui existent.

Il fait croître le froment et d'autres plantes pour notre nourriture ; il a donné au soleil sa chaleur , pour mûrir les fruits et les légumes de nos jardins.

29

Honore ton père et ta mère , afin que tu vives longtemps sur la terre.

Allez toujours volontiers à l'école, et apprenez bien ce qu'on vous y enseigne.

Retournez de l'école à la maison sans vous arrêter dans les rues; modestement, c'est-à-dire sans crier ni offenser personne.

Soyez respectueux devant les personnes plus âgées que vous : elles ont plus d'expérience. Ayez soin de les saluer, et écoutez-les avec respect quand elles vous parlent.

Quand vous entrerez chez vous ou dans toute autre maison, saluez les personnes que vous y trouverez.

30

L'aimable Henriette travaillait ordinairement auprès de sa maman : elle cousait, marquait, tricotait, ravaudait, dessinait, et montrait beaucoup d'adresse dans tous les petits ouvrages dont on la chargeait. Elle regardait bien comment s'y prenaient les personnes qui voulaient bien lui montrer ces différents ouvrages, puis elle les imitait ; elle était toujours attentive et occupée, de sorte qu'on la nommait la laborieuse Henriette, et qu'elle était aimée et estimée de tout le monde.

31

Ne connaissez-vous pas le bon Henri ,
qui ôte toujours si honnêtement son cha-
peau quand il passe?

Plusieurs personnes le nomment le bon
Henri , parce qu'il est si obéissant et si
affable.

Il ne fait jamais de tort à personne.

Il y a des enfants qui ne l'aiment point;
mais ce sont les enfants méchants.

Tous les enfants bien élevés recherchent
la société de Henri.

Les enfants qui fréquentent Henri ,
deviennent encore plus sages; car ils ap-
prennent de lui comment ils doivent se
comporter.

32

Lorsque François était petit , il ne pouvait jamais voir aucune friandise sans y
toucher; il devait toujours en goûter. Il
mangeait du sucre , il goûtait au sirop ,
il prenait des pommes et des poires.

On le punissait pour sa gourmandise ,
mais il ne se corrigeait pas.

Il dépensait tout son argent à des friandises ; et plus il en mangeait, plus il aimait d'en manger.

Lorsqu'il prenait quelque chose qu'il ne pouvait avoir, son cœur battait bien fort ; il avait peur et craignait que ses parents ne le découvrissent ; mais cette crainte ne le corrigea point, et il persévéra dans sa gourmandise.

33

Nommez-moi les principales parties de la tête.

La partie supérieure de la tête, ou le crâne, qui est couvert des cheveux. Aux deux côtés de la tête, se trouvent les tempes et les oreilles.

La partie antérieure se nomme le visage ou la face, qui comprend le front, les yeux avec les sourcils, les paupières et les cils ; le nez, la bouche, qui renferme deux rangées de dents, au nombre de trente-deux, entourées de gencives.

34

Le corps de l'homme s'étend de la plante des pieds au sommet de la tête, et du sommet de la tête jusqu'aux extrémités des doigts de chaque main.

La partie supérieure du corps, ou la tête, repose sur le cou.

Le crâne est situé au haut de la tête.

La face est située en avant de la tête.

Le haut de la face, ou le front, est en avant du crâne, au-dessus des yeux et du nez, entre les parties supérieures des deux côtés de la tête.

Les yeux sont sous le front, au-dessus des joues, sur les deux côtés de la partie supérieure du nez, entre les tempes.

35

J'aime beaucoup qu'un enfant sache lire. Un enfant qui sait lire et qui comprend ce qu'il lit, me paraît déjà un grand garçon.

Il peut devenir bientôt sage et raisonnable.

Il peut s'instruire de beaucoup de choses qui sont bonnes à savoir.

En lisant des livres qui amusent, on est bien dédommagé de la peine qu'on a prise d'apprendre.

A présent que vous savez lire, mes enfants, vous êtes sûrs de ne jamais vous ennuyer; et moi, je suis sûr que vous serez toujours de bons et d'aimables enfants; que vous adorerez Dieu, Créateur de toutes choses, et que vous ne négligerez jamais de remplir les devoirs que la Sainte Religion impose à tous les hommes; que vous obéirez à vos parents; que vous les honorez et respecterez, ce que Dieu commande; que vous serez honnêtes et polis envers tout le monde, et que vous respecterez plus particulièrement encore vos supérieurs, les ecclésiastiques, les magistrats, les gens de justice et de police.

Cela me fait plaisir à penser, parce que je vous aime de tout mon cœur.

FIN.